Sofie

y los buenos modales

Para padres, abuelos, maestros, nanas y niños

Yelina Nieto Guarirapa   Lucia Guzmán Bello

2020

ISBN: 978-1-7336489-3-6 (libro electrónico)

ISBN: 978-1-7336489-1-2 (libro impreso)

Elisabeth

Tomas

Amalia

Elena

Marcela

Se lo dedicamos a
todos los niños del mundo,
especialmente a nuestros nietos.

Pablo

Arturo

Leonardo

Emiliana

Alfredo

Amanda

3

Nos gustaría agradecer a nuestras familias por su apoyo, a los padres de Sofie por su colaboración en este libro, y a las queridas amigas quienes le dieron un toque especial - gracias a sus muchos años en el campo de la enseñanza — a esta publicación: Terry Ellis y Miriam Bley.

Prólogo

En este libro encontrarás una manera práctica de enseñarles a tus niños los puntos principales de la buena educación.

Mientras más pequeños se las transmitas, va a ser mejor para tus hijos, para ustedes los padres y para las personas que los rodean.

La mejor manera de usar este libro con los niños más pequeños es leerle una página cada día y hacerle comentarios al respecto; permitirles a ellos que hagan preguntas sobre el tema; y si eres una maestra, lo puedes hacer igual con tus alumnos en clase, lee una página cada día. Pueden complementar la información que contiene el libro.

Como padres, les espera una gran aventura, la de educar a su mayor tesoro: Sus hijos. Para ustedes sus pequeños son sus príncipes, sus princesas y como toda realeza - deben recibir una educación esmerada - para saber cómo comportarse en la vida. Hay que enseñarles que sus acciones tienen resultados buenos o no tan buenos; y que hagan siempre - al menos - una buena acción al día. Recuerden que la mejor enseñanza para ellos es darles un buen ejemplo. Las fotos les hará la lectura más entretenida.

¡Que Dios los bendiga!

"Practica la empatía y trata a los demás como te gustaría ser tratado."

Nuestro personaje se llama
Sofie

Sofie es una niña hermosa que nos irá mostrando los puntos más importantes sobre la "buena educación". Esperamos que este libro sea una buena herramienta para animar a los niños a comportarse adecuadamente y mostrar buenos modales en todo momento.

En este libro, incluimos puntos importantes como: ser agradecidos, compartir, practicar modales en la mesa, tener respeto hacia los demás. Van a conocer lo que se espera de ellos en lugares sagrados. En otras palabras, a vivir en armonía con su familia y las personas que los rodean.

Sofie sabe que, para convivir en familia, fuera de su casa, en la escuela - y en otros lugares - existen reglas que sus padres y maestros le han estado enseñando gradualmente.

A Sofie le gusta

Cuidar sus cosas

Ir al zoológico

Practicar deportes

Escuchar música

Ser generosa

Ahorrar

Leer libros para niños

Dibujar en sus cuadernos para pintar

Guardar los libros y colores en su lugar

A Sofie le encanta usar disfraces

En Carnaval y en fiestas de disfraces

En actos del colegio

Jugando con amigos

De lo contrario, se viste de acuerdo con la ocasión.

Si la invitan a una piscina o a la playa, ella se pone algo encima de su traje de baño hasta llegar al lugar.

Sofie en la calle

Disfruta del paseo

Escucha y sigue las reglas

Permanece cerca de sus padres o del adulto con quien salió a pasear

Camina por la vía correcta

Usa un tono de voz apropiado

No habla ni acepta regalos de extraños

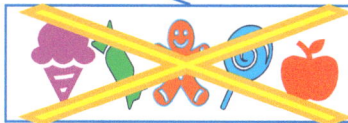

Parar

Pensar

Actuar

Sofie en casa de amigos y familiares

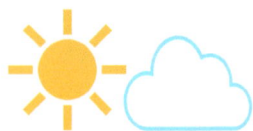

Se porta bien

Es respetuosa

Usa las palabras mágicas como *¡Por favor!* y *¡gracias!*

Se adapta a las reglas del lugar

Sofie y los microbios

Conoce sobre gérmenes y la higiene

Se lava las manos al llegar a casa, después de jugar y antes de comer

Sabe que la limpieza y el aseo nos ayudan a no enfermarnos

Se acuesta con pijama y sábanas limpias

Bota a la basura los alimentos que se caen al piso

Sofie se comporta como una princesa y usa las *Palabras Mágicas* desde que era muy pequeña

¡Buenos días!
¡Buenas tardes!
¡Buenas noches!

Ella siempre recuerda decir:
¡Por favor!
¡Perdona!
¡Gracias!

Ella responde: **Con gusto** o **de nada**, cuando le dan las gracias.

Ella pide disculpas, cuando es necesario.

Sofie dice: *¡Gracias!*

- Cuando se va de una fiesta
- Cuando alguien la ayuda
- Cuando le hacen un favor
- Cuando recibe una invitación
- Cuando recibe un regalo

¡Gracias!

¡Feliz Cumpleaños!

"Es de gente bien nacida, ser agradecida".
Los niños deben aprender a agradecer hasta una sonrisa.

Sofie saluda y sonríe a sus padres, personas que la cuidan, hermanos y a la gente:

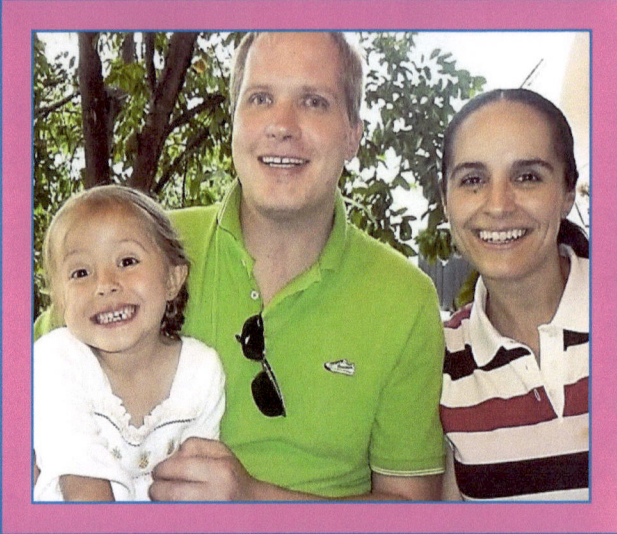

* cuando se levanta
* cuando llega de la escuela
* cuando llegan visitas
* cuando sus padres regresan a casa del trabajo

La sonrisa es el idioma universal.

Sofie reconoce en el momento que comete un error y se disculpa cuando

✓ dice algo injusto

✓ trata mal a alguien

✓ no llega a tiempo

✓ daña o rompe algo

✓ se tropieza con una persona

✓ no cumple lo que promete

✓ moja a alguien - sin querer - con sus burbujas de jabón

Se pide disculpas y también disculpamos a otras personas.

Sofie en un restaurant al igual que en su casa

¡Buen apetito!

Sabe que la hora de comer se respeta

Se sienta correctamente

Conversa con su compañía

Ella no juega en el lugar- excepto en los sitios indicados - si están disponibles

Se come la comida que pide, hasta que se siente satisfecha. Ella toma una porción pequeña, si no está segura de que le va a gustar.

Sofie y sus modales en la mesa

Aprende a usar la cuchara - el tenedor - y el cuchillo

Usa la servilleta para limpiarse la boca

Trata de probar de la comida que le ofrezcan

Los alimentos no se desperdician. Aprende a compartir. Se le ha enseñado que la comida que hay en la mesa, es para que todos en la familia puedan alimentarse.

Al levantarse de la mesa, pide permiso.

Comienzo

Pausa

Al terminar

Sofie entiende el valor de ser responsable en casa

Es gratificante y divertido colocar la mesa

✓ Hay un lugar para cada cosa que nosotros necesitamos usar en la mesa

✓ El cuchillo y la cuchara van a la derecha del plato

✓ El tenedor va a la izquierda del plato

✓ El vaso y/o la copa va a la derecha más arriba del cuchillo

La servilleta se pone al lado del tenedor. Cuando se sienta en la mesa, toma la servilleta y la coloca doblada sobre sus piernas. La servilleta es muy útil para limpiarse la boca. Ella está aprendiendo a diferenciar cual comida se come con las manos y cual se come con el tenedor o con la cuchara.

Nota:

A los padres y maestros: Los niños y tú pueden hacer una actividad manual, al dibujar un mantel individual en una cartulina donde se muestre el lugar correcto para cada cosa.

Sofie está aprendiendo que cuando está en la mesa, ella debe evitar:

- Soplar la sopa o jugar con la comida

- Hacer ruido al comer

- Poner los codos en la mesa

- Hablar con comida en la boca

- Comer muy cerca del plato

- Jugar con dispositivos electrónicos

Nota

La cuchara y el tenedor se levantan hasta la boca. No se baja la boca al plato.

"Los remos" son incorrectos

Cuando levantas los cubiertos de la mesa - no señalas ni juegas con ellos - tampoco vuelven a tocar el mantel.

Sofie también sabe que hay más detalles que debe evitar en la mesa tales como...

- Criticar la comida
- Mecerse en la silla
- Peinarse
- Dormirse
- Leer o pintar
- Levantarse sin pedir permiso
- Poner música a todo volumen
- Darle de comer a las mascotas
- Jugar con los platos, cubiertos o con la servilleta

Siempre se pasan juntos por la derecha

Sofie practica las conversaciones de sobremesa en casa, reuniones y fiestas

Habla con las otras personas en la mesa educadamente sobre temas agradables

Espera su turno para hablar sin interrumpir

Usa el tono apropiado de voz

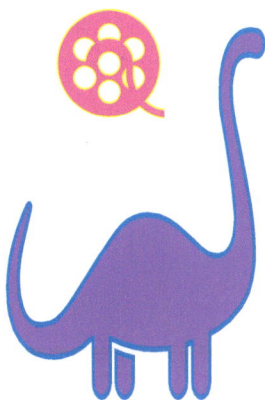

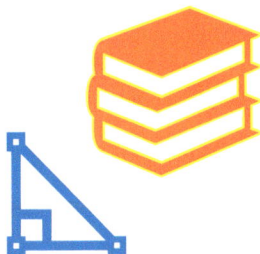

Estas figuras te darán ideas sobre temas de conversación.

Sofie al terminar de comer

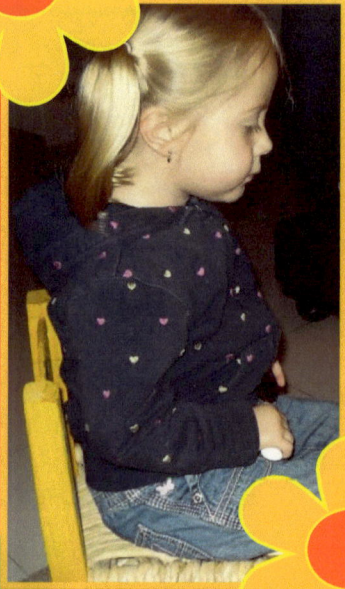

Coloca los cubiertos sobre el plato

Se limpia la boca con la servilleta

La servilleta la coloca sobre la mesa

Pide permiso para levantarse

Deja el plato en el mismo lugar, a menos de que la norma en casa sea de que lo lleve a la cocina.

Nota:

Cuando terminamos de comer, los cubiertos se colocan en el plato, como en la foto. La servilleta se deja - sin doblar - a la izquierda del plato.

No es adecuado decir: "Estoy lleno/a". Se dice: "Estoy satisfecho/a".

Sofie sabe que como todos ya finalizaron de comer y los platos han sido retirados...

Ahora ella puede jugar o pintar con sus colores.

¿Cuál es tu color favorito?

Serendipity

Un día Beatriz, la mamá de Sofie, le dice: "Sofie estoy pensativa porque nos vamos a mudar a otra ciudad".

Sofie le responde: "Mami, por mi no te preocupes. En nuestra nueva dirección, yo puedo hacer nuevos amigos".

Beatriz se tranquilizó y sonrió con la respuesta amable de su hija.

Sofie toma precauciones... y ella:

Sabe su nombre completo, el de sus padres, su dirección y su número de teléfono

Sabe que no le puede abrir la puerta o dar información por teléfono a extraños

Conoce el peligro de jugar con fuego

Sólo va a la piscina cuando un adulto está con ella. Sabe que va a usar flotadores en la piscina, alberca o playa, hasta que aprenda a nadar bien.

Sofie ayuda en casa

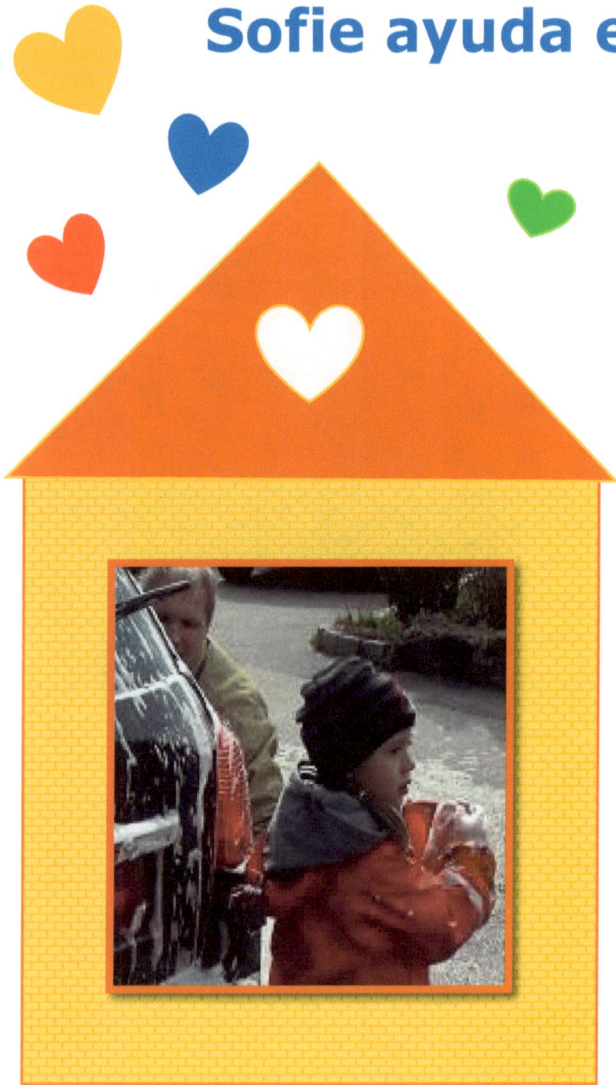

Coopera con las tareas hogareñas

Coloca los platos y cubiertos en la mesa

Acomoda su cama todos los días

Comparte con su hermano, Andreas

Coloca los juguetes en su lugar

Sabe regar las plantas

Pone la basura en la basurera

Sofie en el colegio

Respeta al maestro y pone atención en clase

Levanta la mano si quiere preguntar algo

Pone la basura en el basurero

Trata a todo el mundo con respeto

Juega con los compañeros en el recreo

Hace las tareas y comparte con sus padres lo que aprendió.

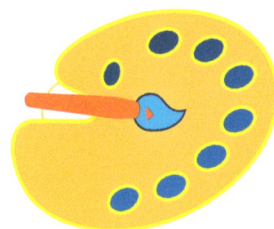

Sofie juega con su hermano, una amiga o amigo

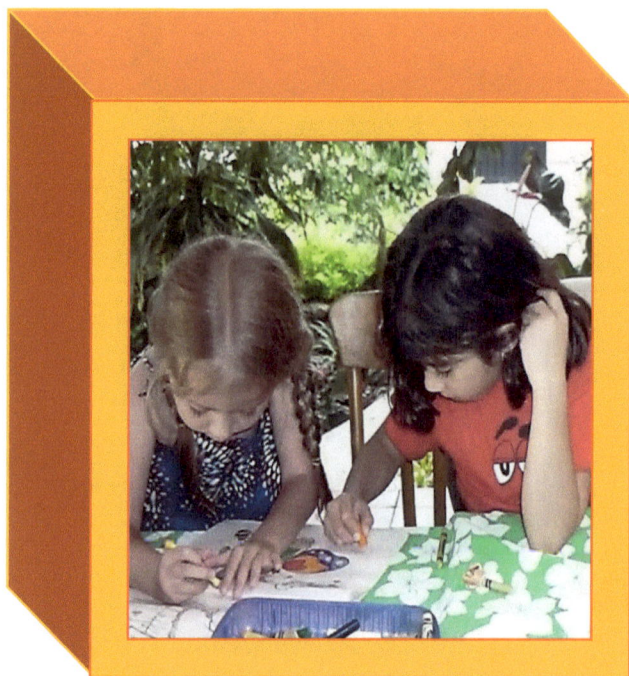

Comparte el espacio y los juguetes

Respeta lo que no es de ella

Juega según las reglas

Sabe controlar sus manos

Usa el tono de voz apropiado

Después de jugar... guarda todo en su lugar

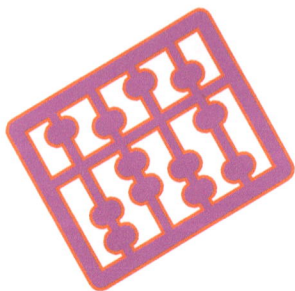

Sofie aprecia el arte y...

los espectáculos, por muy pequeños que sean. Le gusta ir con su familia:

- a exhibiciones de arte
- al teatro
- a los museos
- al cine
- a conciertos y musicales
- a ver espectáculos de personas bailando ballet, jazz, danza moderna o bailes típicos

Sofie en el parque

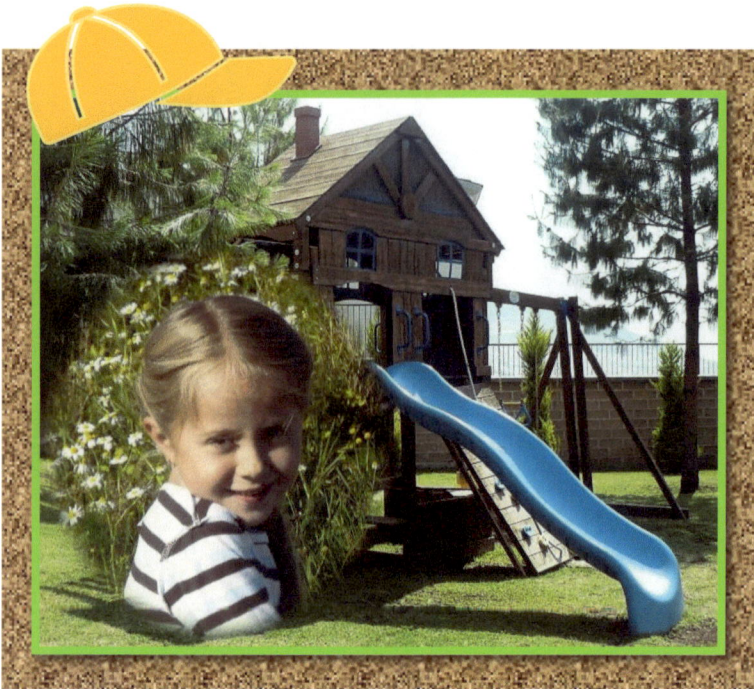

Disfruta jugando al aire libre

Primero observa **con cuidado**, como usar las distintas partes del parque infantil

Practica la empatía con otros niños

Cuida el lugar

Tiene cuidado, se aleja y no molesta a los animales salvajes.

Sofie es muy cuidadosa y sigue reglas... como:

Respeta los horarios en casa y está aprendiendo a ser puntual

Le gusta cocinar y sigue las recetas

Lleva puesto el cinturón de seguridad en el coche

Pone las cosas en su lugar después de usarlas

Toca la puerta antes de entrar y espera que le den permiso de pasar

Usa zapatillas en casa

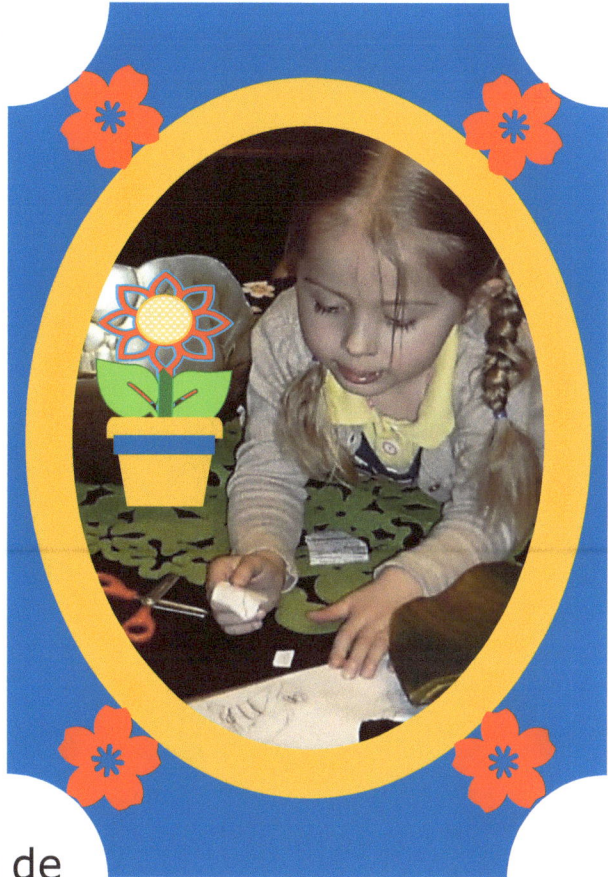

Si necesita algo que no es suyo - lo pide prestado - y lo regresa en la misma o mejor condición.

Las tijeras se entregan con la parte que corta hacia uno.

Sofie en su dormitorio

Mantiene el orden

Coloca las cosas en el lugar que le corresponde

Cuelga la ropa limpia en el armario

Usa una cesta para colocar su ropa sucia

Apaga la luz, la televisión, el radio, los electrónicos cuando no los usa.

Acomoda la cama al levantarse. Al principio lo hacia con la ayuda de su mamá y ahora que ya está más grandecita, lo hace sola.

Respeta los horarios de su familia. Se despide antes de dormir y saluda al levantarse.

Cuando las personas están durmiendo se evita hacer ruido.

Sofie y la higiene

Cuando se despierta, se lava la cara y se cepilla los dientes

Cuando llega a casa y antes de comer, se lava las manos

Después de cada comida, se cepilla los dientes

Cuando es necesario, sopla su nariz y la limpia con un pañuelo

Si tiene que toser o estornudar, cubre su boca con un pañuelo - de tela o desechable - o con su codo.

Sofie en el baño

Ella no comparte detalles de sus necesidades cuando va al baño. Si necesita ayuda, se la pide a su mamá en voz baja. No toma más tiempo del indispensable, por si otra persona necesita usarlo.

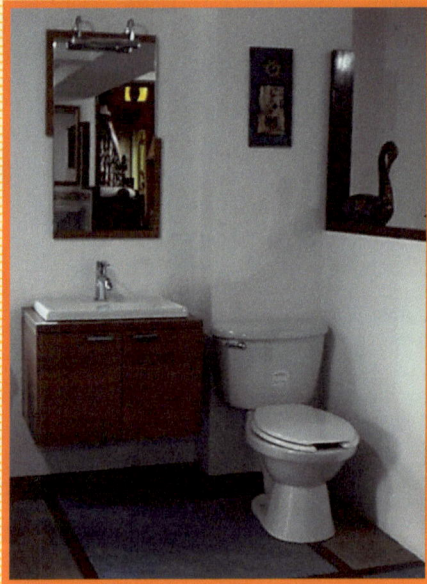

Consume sólo el papel toilette necesario

Utiliza el sanitario y baja la cadena

Se lava bien las manos y las seca con la toalla

No desperdicia el agua

Deja el lugar ordenado y limpio

Nota

**Instrucciones para el rollo de papel:
sí está vacío... lo reemplazas.**

Sofie al ducharse

Sabe que debe:

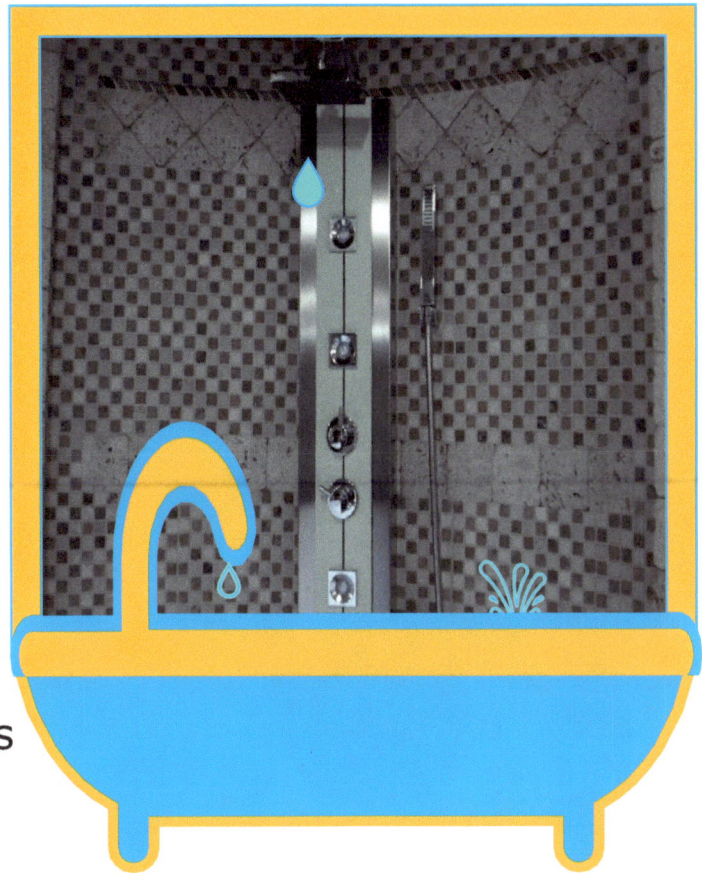

- Mojarse su cuerpo

- Enjabonarse

- Lavarse su cabello

- Usar champú y acondicionador para su cabello

- Quitarse el jabón con agua

- Limpiar sus orejitas

Nota

El baño es el lugar ideal para uno limpiarse los ojos, la nariz, las uñas, los dientes, las orejas y para peinarse.

Sofie y sus peinados

Ella disfruta usar diferentes peinados.

Luisa, una compañerita del colegio de Sofie le pide a su mamá, Ana, que llame a Beatriz (la mamá de Sofie).

Ana llama por teléfono a Beatriz y le dice que su hijita admira mucho los peinados, que Sofie lleva todos los días al colegio.

Así Beatriz y Ana se ponen de acuerdo para que Beatriz le enseñe a Ana como hacerle peinados a su hija, Luisa.

Es divertido compartir - lo que tu disfrutas hacer - con otras personas.

Sofie en su lugar para jugar

Lo mantiene ordenado

Toma el juguete que quiere usar y lo trata con cariño

Después de jugar, coloca todo en su lugar

¿Dónde están las fotos de Sofie?

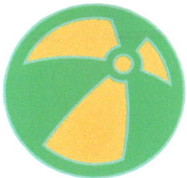

Sofie sabe que hay palabras y gestos que no son adecuados:

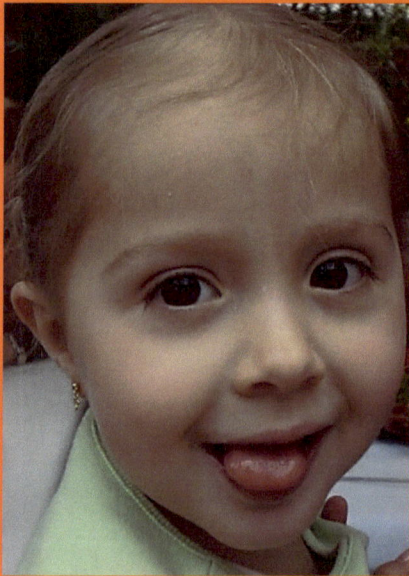

Como sacar la lengua

Decir malas palabras

Ser groseros o antipáticos

Ser respondona

Sabe que hay una manera adecuada para pedir las cosas. Es mejor pedir algo de una forma educada - y si sus padres no se las pueden dar – ella lo acepta. Entiende que no la pueden complacer en todo lo que quiere.

Nota

A los padres y maestros: podrían comentarles a los niños, que las cosas tienen diferentes formas, colores y texturas. Así también los seres humanos son diferentes y actúan de maneras distintas.

Sofie respeta y tiene paciencia con las personas mayores

Escucha y obedece a:

- Papá y mamá

- Abuelos

- Tios y tias

- Hermanos mayores

- Maestros

- Niñera

- A la persona que la cuida cuando sus padres no están

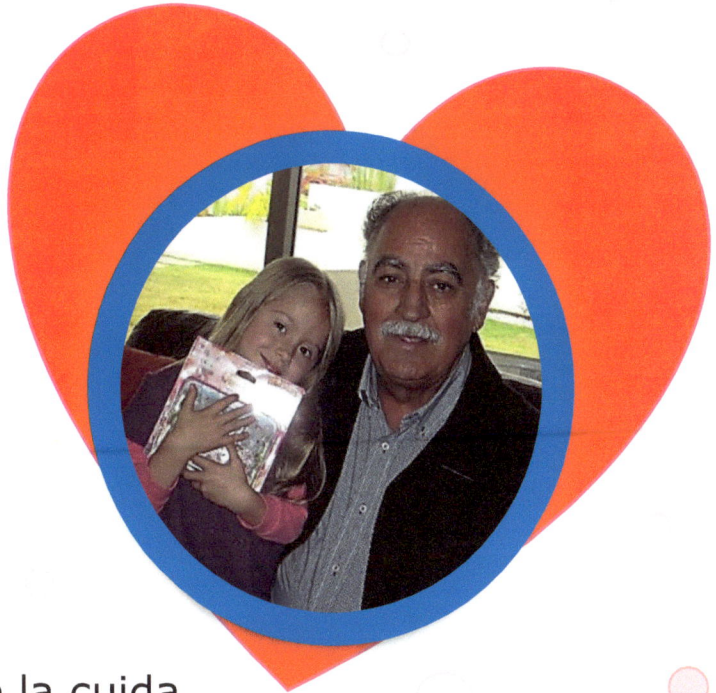

Sofie sabe que el respeto al derecho ajeno es la paz.

Sofie en la iglesia, sinagoga o templo

Presta esta atención al sacerdote, al rabino o al pastor

Pone atención a la ceremonia

Sabe que no es lugar para jugar, comer o dormir

Respeta los lugares sagrados de ella y de otras religiones

Sofie sabe que el mundo es grande

- Conoce otras culturas, idiomas y climas
- Come muchos tipos de comida
- Con su papá se comunica en noruego
- Con su mamá habla español

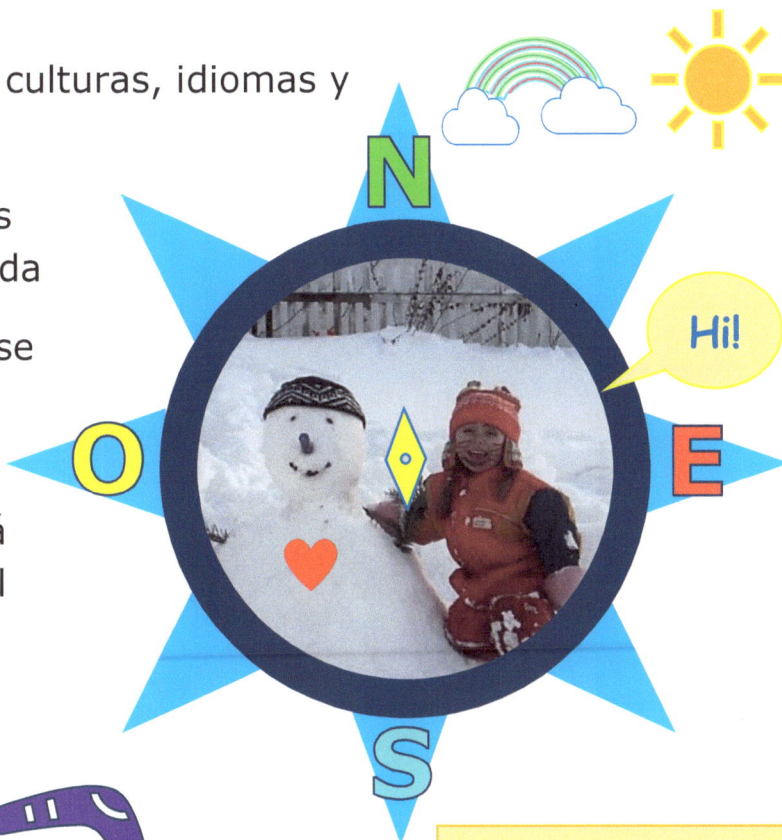

N

O

E

S

Hi!

Hallo!

En el colegio aprende inglés

¡Hola!

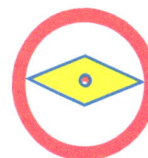

No pierde su rumbo. Se traza metas y las cumple.

Sofie ama a la madre naturaleza

Cuida las plantas y flores

Usa el agua sabiamente

Ama a los animalitos

Ella coloca la basura en el lugar adecuado, ya sea fuera o dentro de su casa. Sofie sabe que es importante reciclar.

Sofie ama a su patria

 La música de su país y sus tradiciones

La comida

La historia

La gente

Respeta las leyes

 Ella mantiene las calles y parques limpios, poniendo la basura en su lugar

 Desde muy chica, ha visitado varias ciudades de su país.

"Nadie ama a su patria porque es grande, sino porque es suya". Lo dijo Séneca.

Sofie dice NO

¡No!

A las mentiras

A hacer daño a los demás

A burlarse de los demás

A desobedecer a sus padres

A tomar cosas que no le pertenecen

Al cigarrillo y a cualquier otro elemento nocivo para su salud

La ley del bumerang - causa y efecto - dice que lo bueno o malo que hagamos, se nos devolverá.

Sofie trata a todo el mundo con cortesía

- Comenzando con su familia
- Pide las cosas *¡Por favor!*
- Usa sus palabras mágicas
- Es justa
- Pide permiso para pasar
- Da las *¡Gracias!*
- Habla con amabilidad
- Pide ayuda a un adulto, si es necesario
- Presenta sus amigos a sus padres
- Pide disculpas si se tropieza con alguien
- No se queda callada cuando alguien es injusto
- Se porta bien en el consultorio del doctor o dentista

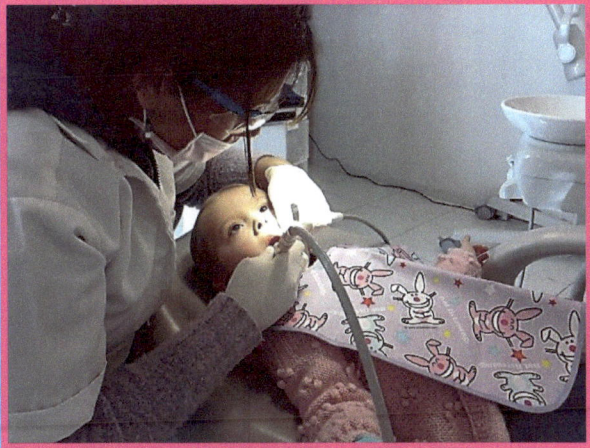

Sofie y los dispositivos electrónicos

Sofie prefiere disfrutar de la naturaleza con la familia y amigos que ver televisión o jugar con aparatos electrónicos.

Sabe que hay límite de tiempo y reglas para usar el celular, la computadora o la tableta.

"Sofie trata a sus amigos en las redes sociales, con la misma cortesía como lo hace con la gente en persona.

Ella deja la tableta en casa cuando visita a un amigo o va a una fiesta.

Sofie ha aprendido que compartiendo, respetando, ayudando, sonriendo y siendo empática con los demás, es una excelente manera para llevarse bien con la familia y amigos.

...para finalizar, compartimos contigo una sugerencia:

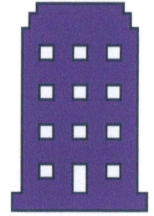

"Practica los buenos modales cada día y en toda ocasión. Recuerda siempre que cuando nos portamos bien, seremos ¡Bienvenidos!".

Referencia para padres y educadores

Recién nacidos: si tú les sonríes, aprenden a sonreír. Háblales con amabilidad porque, aunque luzcan indefensos e indiferentes al medio que los rodea, son una esponja que irán absorbiendo todo lo que le vayas enseñando. Desde el día que nace, puedes comenzar a educarlo bien.

De 6 a 12 meses: Pueden sentarse solos. Aprenden a pararse. Pueden comer con tu ayuda o con los dedos y tomar líquidos en un vaso o una taza. Aprenden sus primeras palabras. Poco a poco puedes ir enseñándoles las palabras mágicas: *¡Gracias!*, *¡Por favor!*, *¡Buenos Días!*

De 1 a 1 ½ años: Aprenden a compartir. Compórtate con buenos modales que ellos imitarán de ti. Pueden entender pequeñas instrucciones. Pueden comenzar a comer solos con la cuchara. Enséñales a saludar y dar besitos.

De 1 ½ a 3 años: Enséñales a ser amables con la familia. Así les será fácil ser amables cuando salgan de casa. Puedes empezar a enseñarles el uso del tenedor. Ya pueden tomar solos líquidos en un vaso. Acostúmbralos a poner las cosas en su lugar. Además, a estar siempre limpios y peinados.

A los 3 años: Aunque ya comienzan a tener más control sobre si mismos, a veces pondrán a prueba tu paciencia. Tú no pierdas tu buena educación. Recuerda que ellos te imitarán. Están más aptos para socializar. Comparten más con hermanos y amigos. Ya pueden comer sin ayuda. Pueden ir al baño solos. Para saber si necesita tu ayuda en el baño, puedes tener claves como A o B. Enfatiza en los buenos modales.

A los 4 años: Como ya se visten solos, enséñales a escoger la ropa adecuada para la ocasión. Los amigos son muy importantes, pero debes enseñarles a tener personalidad propia.

5 a 8 años: Pídeles que coloque los platos, cubiertos, vasos y servilletas en la mesa. Enséñales a dar las gracias por escrito con tarjetas hechas por él o por ella. Coméntales como deben comportarse en el lugar que van antes de salir de casa.

9 a 12 años: Ya entienden las reglas de los buenos modales. Como están en la edad de que quieren ser exitosos - si practican la buena educación - para ellos será más fácil triunfar en la vida.

Ideas para reforzar en tus hijos las enseñanzas sobre los buenos modales

✓ Además de ponerlos a practicar como poner bien la mesa todos los días, cuando haya una comida o cena especial en tu hogar, pídeles a tus hijos que ellos coloquen todos los utensilios, vasos o copas y la vajilla en la mesa. Ayúdalos sacando lo que tu quieres usar ese día: el mantel, los platos, cubiertos, servilletas, vasos. Coméntales sobre los pequeños detalles, por ejemplo, colocar un florero con flores en el centro de la mesa o colocar con el nombre de los invitados una tarjetica sobre el mantel frente a cada plato.

✓ Una noche hazles una comida para ellos como invitados especiales. Vístelos como si fueran a una fiesta y haz que practiquen todo lo que les has ido enseñando. Coloca una mesa bien puesta, flores, la tarjetica con los nombres de cada uno, una bonita vajilla, cubiertos y servilletas de tela.

✓ Cuando vayas a reunir a la familia y/o amigos en tu casa, a lo mejor el próximo "Día de Gracias", para la Navidad o Pascuas, usa tu imaginación y organiza una pequeña obra teatral con tus hijos como actores o con títeres, donde tus hijos pueden usar sus buenos modales como parte del tema de la obra y en el dialogo.

✓ Haz que la amabilidad y los buenos modales reinen en tu casa entre todos los miembros de la familia. Las gracias, los buenos días, las disculpas, el por favor, debe ser el vocabulario cotidiano, no sólo cuando hay visitas.

✓ Comparte con tus hijos programas o películas y hazles notar los buenos modales; y también los malos modales para que se den cuenta, que no deben imitar todo lo que ven en la televisión.

✓ Podrías tener un lema en tu hogar como: "Los pequeños detalles hacen las grandes diferencias".

La mesa puesta para niños

Nombre del niño/a

✓ Si es una ocasión especial, se asignan los puestos. Se coloca el nombre de cada invitado frente al plato del comensal.
✓ Si ves muchos cubiertos, se usan de afuera hacia adentro (primero los más alejados del plato).
✓ Si eres pequeño y vas a beber un liquido - como jugo - de una copa, lo puedes hacer sujetando la copa por el cáliz o cuerpo. Si ya eres más grande, lo puedes hacer por el tallo, que es lo correcto.
✓ El platito chiquito es para el pan y cuando lo vas a comer, se corta con las manos el pedacito que te vas a llevar a la boca. Le puedes untar mantequilla a cada pedazo de pan que te vas a ir comiendo.

¡Buen Apetito!

Las reglas en casa

1. _____
2. _____
3. _____
4. _____
5. _____
6. _____
7. _____
8. _____
9. _____
10. _____
11. _____
12. _____
13. _____
14. _____

Las autoras

Yelina Nieto Guarirapa

Esta escritora venezolana, es una multifacética persona que tiene mucho que aportar a las nuevas generaciones. Su pasión es viajar, lo cual ha hecho desde muy joven y ha vivido en varios países. Se graduó de bachiller en ciencias en el Colegio Teresiano de su ciudad natal, Caracas. Obtuvo su título en ingeniería civil en Estados Unidos en la ciudad de Worcester, MA. Además, ha tomado diplomados en: protocolo, finanzas, historia de las religiones y varios cursos en diferentes temas como: etiqueta para niños, psicología, coaching, reiki, entre otros. Como madre y abuela, Yelina Nieto, tiene muchas sugerencias que nos pueden ayudar a nosotros los padres, en la crianza de nuestros hijos. Estos conocimientos que la escritora ha ido adquiriendo, los podrán apreciar en sus libros: **The Protocol and Etiquette for Successful Couples**; **Un Hogar en Armonía**; **El Protocolo y la Etiqueta de una Pareja Exitosa**; **La Convivencia en Armonía** (Segunda edición); **Más de 100 ciudades visitadas y más de 10 ciudades vividas**; **El ABC de la Buena Educación**; **Hagamos de una casa, un Hogar**; **La Convivencia en Armonía** (Primera edición).

Es una gran motivadora. Ha impartido cursos, talleres y charlas en colegios, universidades y empresas, siempre trasmitiendo a los presentes, las ganas de triunfar en la vida.

Lucía Guzmán Bello

Lucía Guzmán Bello es una excelente educadora venezolana, egresada del Saint Lawrence College en Kingston, Ontario, Canadá, en el año 1982. Desde entonces ha marcado e influido en la vida de cientos de niños y docentes de diferentes nacionalidades.

Antes de estudiar educación, había obtenido un título como Administradora de Empresas Turísticas en el Instituto de Nuevas Profesiones en Caracas, Venezuela; y mientras ejerció esta profesión, desarrolló su pasión por viajar y conocer el mundo.

Lucía obtuvo su título de Bachiller en Ciencias en el Colegio Teresiano de La Castellana, en Caracas, donde fue compañera de estudios de Yelina Nieto. Desde 1982 no ha dejado de ejercer en el ámbito de la educación. Actualmente sigue transmitiendo su gran amor por la enseñanza - hacia los niños y jóvenes - y lo logra por medio de tutorías individuales.

Disfruta su tiempo libre compartiendo con sus seres queridos siendo los primeros en la lista, sus hijas y nietos: Marcela Alejandra y Pablo Alejandro. Mantiene siempre su afán de estar actualizada con los temas relacionados a la cultura en general y especialmente, a la educación. No ha dejado su gran entusiasmo de seguir explorando el mundo.

Aquí les dejamos este hermoso libro que está lleno de ideas, fotos y de sugerencias que le encantará a la familia - en especial - a los más jóvenes. El mejor regalo que una persona puede recibir es conocimiento que le ayude a triunfar en la vida. Con este libro además de entretenerse, los niños aprenderán que su buen comportamiento hará que sean recibidos con mayor entusiasmo en donde quiera que vayan.

Para las autoras será un placer conocer tu opinión sobre el libro.

Sus correos electrónicos son:

abiylosbuenosmodales@gmail.com

luciaguzman17@hotmail.com

www.ingramcontent.com/pod-product-compliance
Lightning Source LLC
Chambersburg PA
CBHW041426090426
42741CB00002B/52